Dedicado a:

Por:

Fecha:

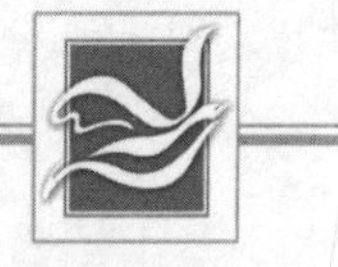

Cómo Ser Libres de la Depresión

Cómo Ser Libre de La Depresión

Guillermo Maldonado

Nuestra Visión

Alimentar espiritualmente al pueblo de Dios por medio de enseñanzas, libros y prédicas; y expandir la palabra de Dios a todos los confines de la tierra.

Cómo ser Libre de la Depresión

Publicado en la Librería del Congreso
Certificado de Registración: TX 5-806-039

ISBN: 1-59272-018-8

Tercera edición 2006

Portada diseñada por:
ERJ Publicaciones

Categoría:
Sanidad Interior - "La Depresión"

Publicado por:
ERJ Publicaciones
13651 SW 143 Ct. Suite 101, Miami, FL 33186
Tel: (305) 233-3325 – Fax: (305) 675-5771

Impreso por:
ERJ Publicaciones, EUA
Impreso en Colombia

Dedicatoria

Dedico este libro con todo mi corazón a Jesús, el Hijo de Dios, quien es la razón principal de mi existencia; y a todas aquellas personas que han estado atrapadas bajo la sombra de la depresión...

¡Hoy serán libres en el nombre de Jesús!

Agradecimiento

Quiero agradecer a Dios, de quien soy y a quien sirvo, por darme fuerzas y ayudarme en todos mis caminos; a mi esposa y a mis hijos que son mi apoyo incondicional y quienes comparten conmigo este ministerio.

También, quiero expresar mi agradecimiento a cada una de las personas, que de una u otra forma, han hecho posible la elaboración de este libro, desde los que oran, hasta los que han participado en los detalles más pequeños; a todos ellos, muchas gracias y que Dios les bendiga.

Índice

Introducción

La DEPRESIÓN es un sentimiento prolongado de tristeza y de desánimo, acompañado de una profunda sensación de impotencia, que nos inhabilita para cambiar las cosas que están fuera de nuestro control.

Aproximadamente, 18.8 millones de personas en los Estados Unidos sufren de depresión. Éste problema es tan serio, que cada 90 segundos, un adolescente se suicida por esta causa. Lamentablemente, hay algunos cristianos que también han sucumbido ante este mal devastador; y pocos saben cómo enfrentarse a él, sin tener que recurrir a conductas destructivas.

Psicólogos, psiquiatras, y otros profesionales de la salud han buscado y experimentado soluciones para enfrentar esta "epidemia", pero no han logrado los objetivos deseados. También, podemos encontrar una amplia bibliografía que trata este tema. No obstante, pocos autores abordan el tópico de una manera espiritual y profunda.

Es a raíz de esta carencia de conocimiento espiritual sobre la depresión, que nace este maravilloso libro escrito a la luz de las Sagradas Escrituras, donde usted encontrará un verdadero manual práctico que le enseñará paso a paso cómo enfrentarse a la depresión y ser libre de ella para siempre.

Capítulo Uno

¿Qué es la depresión?

La depresión es uno de los mayores problemas emocionales hoy día; y es también, la causa de que miles de personas mueran diariamente. Las estadísticas del Instituto Nacional de Salud Mental reflejan que 18.8 millones de adultos norteamericanos sufren de depresión, y esto es equivalente a un 9.5 por ciento de la población de todo el país. Los números aumentan cada día más, por tanto, tenemos que darle una solución de manera urgente. Hay muchas preguntas que las personas se hacen acerca de lo que es la depresión, sus causas y cómo vencerla. A la luz de la Palabra, vamos a estudiar y a buscar una solución de parte de Dios. Le pido al Señor que al finalizar este libro, si usted, amigo lector, padece de esta condición, quede completamente libre de ella.

¿Qué es la depresión?

Es un sentimiento prolongado de tristeza, luto, desánimo, desesperanza, y al mismo tiempo, va acompañado de la incapacidad para sobreponerse a los problemas de la vida debido a la falta de esperanza.

¿Cuáles son los síntomas que puede experimentar una persona con depresión?

1. Síntomas físicos

- Insomnio
- Pérdida del apetito
- Pérdida de peso
- Pérdida del deseo sexual
- Falta de energía
- Alteración en el apetito (cuando come mucho o no come)
- Enfermedades como Parkinson y problemas de tiroides.

2. Síntomas mentales

- Una fuerte tendencia a tener pensamientos negativos.
- Dificultad para concentrarse.
- Pérdida de la memoria.
- Incapacidad para tomar decisiones.
- Excesiva crítica a sí mismo.
- Pensamientos de muerte y suicidio.
- Autocompasión (lástima de sí mismo)

3. Síntomas emocionales

- Baja autoestima
- Falta de esperanza
- Culpabilidad
- Irritabilidad

- Llanto continuo sin razón aparente
- Temor o miedo a la muerte
- Ansiedad
- preocupación

4. Actividades sociales

- Evita el contacto con las personas (aislamiento)
- Descuida la apariencia física
- Deseos de suicidarse
- Siente rechazo y rechaza a los demás.

Los síntomas mencionados anteriormente, son las señales que indican que una persona tiene depresión. Si usted no está seguro de padecer esta condición, permítame hacerle las siguientes preguntas:

- ¿Padece de insomnio?
- ¿Ha perdido el apetito?
- ¿Se siente sin fuerzas para seguir adelante?
- ¿Tiene dificultad para concentrarse?
- ¿Sufre de pérdida de la memoria?
- ¿Se critica a sí mismo continuamente?
- ¿Se siente culpable por algo?
- ¿Hay momentos en que llora sin razón?
- ¿Tiene alguna clase de miedo?
- ¿Siente ansiedad de comer todo el tiempo?

Si responde afirmativamente a la mayor parte de estas preguntas, eso significa que está deprimida y necesita la ayuda de parte de Dios. Más adelante, le daremos la solución para que pueda ser libre de esta condición.

Capítulo Dos

¿Cuáles son las causas de la depresión?

Hay varias causas que pueden provocar la depresión en una persona, pero vamos a estudiar las más comunes y difíciles de tratar.

1. **Circunstancias que están más allá de su control.**

   Una de las cosas que nosotros como seres humanos siempre buscamos, es estar en control; ya que esto nos hace sentir seguros, protegidos y que estamos en una zona confiable; pero cuando nos encontramos ante circunstancias o hechos que no podemos cambiar, nos sentimos perdidos y nos deprimimos. Existen circunstancias en nuestra vida que están más allá de nuestro control, y cuando esas situaciones se nos van de la mano nos desesperamos, y es ahí donde comienza la depresión; por el simple hecho de no poder hacer nada al respecto, por la impotencia.

   Hay muchas personas que buscan diferentes medios para encontrar la solución al problema de la depresión. Algunos corren al psicólogo, otros al psiquiatra, al brujo, al hechicero, al abogado o al doctor; van a cuanto lugar se les ocurre. Pero, al no encontrar una respuesta a su mal, se deprimen aún más y en ese momento de total desesperanza, es que muchos optan por lo que creen su única salida, la muerte, el suicidio.

Desafortunadamente, el ser humano acude a todos los lugares donde le ofrecen una solución temporal o aparente, menos a Dios, quien es el único que tiene la respuesta verdaderamente efectiva para solucionar aquellos problemas que están más allá de nuestro control. Buscamos a Dios después de haberlo tratado todo sin obtener ningún resultado. En algunas ocasiones, todavía hay tiempo de encontrar la solución, pero otras veces, ya es demasiado tarde.

¿Cuáles son algunas de las situaciones que están fuera de nuestro control?

- La muerte de un familiar
- Una enfermedad terminal
- El divorcio de la pareja
- Los hijos usando drogas
- Bancarrota financiera
- Despido del trabajo
- Un abuso en el pasado
- Heridas del pasado
- La vejez

¿Qué hace usted cuando se le presentan estas situaciones en su vida, que están más allá de su control?

¿Qué dijo Jesús al respecto, cómo Dios nos puede sacar de todo esto y qué hacer?

"33Estas cosas os he hablado para que en mí tengáis paz. En el mundo tendréis aflicción, pero confiad, yo he vencido al mundo". Juan 16.33

La palabra **aflicción** en el vocablo griego es *"thlipsis"*, que significa presión, opresión, depresión, tensión, angustia, tribulación, adversidad, pena.

La idea del significado de esta palabra es tratar de ejercer presión sobre muchas cosas que están sueltas, que no se pueden controlar y que están más allá de su habilidad para resolverlas.

Jesús dice: "En el mundo, ustedes van a tener muchas angustias, presiones, penas, tribulaciones, opresiones, adversidades, depresiones; pero confiad que yo he vencido todo esto y estoy con ustedes". Cuando el médico le dice que tiene una enfermedad incurable, Jesús está diciendo: "confía que yo soy tu sanador". Cuando el abogado le dice que la única solución es el divorcio, Jesús dice: "confía que yo soy el que restauro tu familia". Cuando el brujo le dice que necesita un baño de ruda, Jesús dice: "confía que yo soy el que te limpia con mi sangre". Cuando en su hogar hay muchas cosas sueltas, fuera de su control, ya sean sus hijos, sus finanzas u otros asuntos, Jesús dice: "confía que yo soy tu ayudador".

La palabra **confiar** conlleva a la idea de cuando un niño se lanza a los brazos de su padre, sabiendo que su padre no lo va a dejar caer. Mis dos hijos Bryan y

Ronald hacen eso. Ellos se paran en la cama, abren sus brazos y me dicen: "papi agárrame", y se lanzan a mis brazos y yo los recibo. Ésa es la misma idea que debemos tener de confiar en Dios. Abra sus brazos y tírese en los brazos de su Padre celestial. Confíele a Él su familia, su hogar, sus hijos, su salud, su trabajo, todo. El Padre le va a recibir con los brazos abiertos, porque Él tiene cuidado de nosotros. ¡Echemos toda nuestra ansiedad, angustia, dolor y tristeza a Dios, y confiemos plenamente en Él!

"[7]Echad toda vuestra ansiedad sobre él, porque él tiene cuidado de vosotros". 1 Pedro 5.7

A continuación, vamos a seguir estudiando otras causas por las cuales la depresión viene sobre una persona.

2. La depresión viene cuando hemos perdido algo muy importante en nuestra vida.

Hay muchas personas que se deprimen cuando pierden o se les quita algo muy importante, que ellos amaban y atesoraban de una manera especial. Puede ser su hogar, un hijo, una hija, un trabajo, dinero, una herencia, su salud; algo que ellos amaban mucho; tal vez, algún familiar que murió y que, obviamente, ya no pueden recuperar. Cada una de estas situaciones hacen que una persona se deprima. Frente a este tipo de circunstancias, hay muchas personas que culpan a Dios y se amargan contra Él.

Pero amigo, quiero decirle que Dios no tiene nada que ver con las cosas que hemos perdido o nos han quitado. El hombre recoge lo que siembra durante su vida; es decir, que somos el producto de lo que sembramos.

"[7]No os engañéis; Dios no puede ser burlado, pues todo lo que el hombre siembre, eso también segará...". Gálatas 6.7

Hay una persona en la Biblia llamada Neomí, la cual se amargó con Dios y lo culpó de su depresión y su ruina.

"[13]¿Los esperaríais vosotras hasta que fueran grandes? ¿Os quedaríais sin casar por amor a ellos? No, hijas mías; mayor amargura tengo yo que vosotras, pues la mano de Jehová se ha levantado contra mí". Rut 1.13

Noemí culpó a Dios de haberle quitado su esposo, sus hijos y toda su familia. De la misma manera, hoy día hay personas que culpan a Dios por todo lo malo que les ha sucedido o por aquellas cosas que han perdido, y eso es un grave error. Si usted sigue pensando de esa manera, nunca saldrá de su depresión. Ya es tiempo de que cambie su actitud hacia la vida.

¿Qué hacer cuando algo importante nos ha sido quitado o lo hemos perdido?

Sí, hay cosas que no podemos cambiar y que están fuera de nuestro control; pero simplemente confiemos en Dios, que Él nos restaurará de alguna forma lo que nos ha sido robado, quitado o que hemos perdido.

Recordemos que cuando Dios restaura algo, siempre lo devuelve en mayor cantidad, calidad y clase.

No podemos seguir amargados por el novio que nos dejó, ni podemos seguir tristes por la amistad que nos traicionó. No podemos continuar deprimidos por el familiar que perdimos, ya que si conocía a Jesús como Señor y Salvador, está en el cielo, pero si nunca lo conoció, se perdió para siempre; y a partir de ahí, nada podemos hacer; ésta es una realidad. Así que, tenemos que continuar nuestra vida aquí en la tierra.

3. **La depresión viene por las maldiciones generacionales.**

Otra causa por la cual las personas se deprimen, es la herencia familiar; es decir, viven atados por una maldición que heredaron de sus ancestros.

¿Cómo saber si es una maldición generacional?

Hay personas que dicen: "pastor, mi abuela padecía de depresión, mi madre tomaba pastillas para dormir porque tenía problemas mentales, mi abuelo siempre estaba triste y se aislaba de la gente", y así sucesivamente. Las personas se pueden dar cuenta, que la causa de su depresión es una maldición generacional cuando en su línea sanguínea ha existido también, este problema. Para que puedan ser libres, dicha maldición tiene que ser rota.

Esta causa ya es espiritual y no emocional. Hay muchos médicos, psiquiatras y psicólogos que le dan pastillas a una persona que está deprimida para aliviar su depresión, y el resultado es que la persona se pone peor. La tienen como un "zombi". Por tratar de darle una solución, en realidad, le están agravando la situación, debido a que aplican una medicina humana para solucionar un problema espiritual, que sólo le concierne a Dios resolverlo.

La mayoría de los problemas de los seres humanos tienen solución en el mundo espiritual, porque el hombre es un espíritu, que tiene un alma, y que vive en un cuerpo. El espíritu tiene que ser tratado con una medicina espiritual que elimine las maldiciones generacionales relacionadas con los problemas mentales o de depresión.

Leamos lo que la palabra de Dios nos dice.

"[15]Pero acontecerá, si no oyes la voz de Jehová, tu Dios, y no procuras cumplir todos sus mandamientos y sus estatutos que yo te ordeno hoy, que vendrán sobre tí y te alcanzarán todas estas maldiciones". Deuteronomio 28.15

"[28]Jehová te herirá con locura, ceguera y turbación de espíritu...". Deuteronomio 28.28

Las maldiciones de locura, enfermedades mentales, depresión o como usted quiera llamarle, fueron pasadas de los padres a los hijos por la ley de la herencia, y son llevadas a cabo por un espíritu del diablo, llamado "espíritu familiar", cuya función es destruir a las personas.

¿Qué hacemos para romper las maldiciones generacionales de depresión?

- Pedir perdón por los pecados de nuestros antepasados.

- Renunciar con nuestra boca y ordenarle al espíritu del enemigo, que está detrás de esa maldición, que se vaya de nuestra vida.

- Romper la maldición en el nombre de Jesús.

  Si usted no puede hacerlo solo, le invitamos a que nos llame a los teléfonos que están en la portada de este libro para que oremos por usted, y Dios le hará libre. La solución a la depresión de procedencia generacional no son las pastillas, no es la terapia ni la psicología; sino la palabra de Dios y el poder de Dios, en el nombre de Jesús.

Permítame hacer una oración por usted:

Usted no tiene que ser esclavo (a) de las pastillas antidepresivas, y ahora mismo, yo ordeno a todo espíritu de depresión, que suelte su cuerpo, que suelte su mente y su espíritu en el nombre de Jesús; ¡sea libre! y reciba su liberación. Amén.

4. Otra causa de la depresión puede ser un desbalance químico en el cerebro.

Esta causa es de origen físico; y en realidad, los que la padecen son un porcentaje muy pequeño. He encontrado que la mayor parte de los casos de depresión, son de origen espiritual.

Los estudios que se han realizado, revelan que cuando las personas juegan con pensamientos negativos todo el tiempo, y guardan amargura y odio en su corazón, esto les causa un desbalance químico en el cerebro que provoca la depresión.

También, se han hecho estudios que muestran que las personas que tienen pensamientos positivos todo el tiempo, gozan de buena salud.

Lo que le estamos diciendo, querido lector, es que usted no debe jugar con pensamientos de culpabilidad, de venganza, suicidio, o de autocompasión; por ejemplo: "nadie me ama", "nadie me quiere", porque son pensamientos que atraen muerte y de enfermedad. Si usted sigue jugando con malos pensamientos, entonces ocasionará un desbalance químico en su cerebro, y el resultado será la depresión en su vida.

¿Qué dice la Biblia con respecto a lo que debemos pensar?

"[8]Por lo demás, hermanos, todo lo que es verdadero, todo lo honesto, todo lo justo, todo lo puro, todo lo amable, todo lo que es de buen nombre; si hay virtud alguna, si algo digno de alabanza, en esto pensad". Filipenses 4.8

Cambie su manera de pensar y su actitud cambiará.

Recuerde que cuando el estrés es constante, en el cerebro ocurre una disminución de las "hormonas felices", según le llaman los médicos, creando un desbalance de cierta sustancia del cerebro.

El estrés acumulado en el cerebro es el resultado de los pensamientos negativos constantes con los que jugamos, ¡párelos hoy!, ¡échelos fuera y será libre!

5. La causa principal de la depresión es el pecado.

El pecado es una de las causas principales de la depresión, pero si aprendemos a lidiar con él en nuestra vida, la depresión desaparecerá.

"[3]Nada hay sano en mi carne a causa de tu ira; ni hay paz en mis huesos a causa de mi pecado, [4]porque mis maldades se acumulan sobre mi cabeza; como carga pesada me abruman. [5]Hieden y supuran mis llagas a causa de mi locura. [6]Estoy encorvado, estoy humillado en gran manera, ando enlutado

todo el día, [7]porque mis lomos están llenos de ardor; nada hay sano en mi carne. [8]Estoy debilitado y molido en gran manera; ¡gimo a causa de la conmoción de mi corazón!".
Salmo 38.3-8

La descripción que hace David en este libro de los Salmos es la de una persona deprimida por causa de su pecado.

Si enumeramos las razones de todas las desventuras en nuestra vida, encontraremos que la causa principal de nuestro mal estado de ánimo es el pecado. Por ejemplo: la causa de la destrucción de nuestro matrimonio, la causa de nuestra tristeza, la culpabilidad en nuestra vida, entre otros. Tenemos que lidiar con nuestro problema desde la raíz para poder cortar muchas cosas malas que nos han ocurrido, incluyendo la depresión. Muchas personas pierden tiempo lidiando con las ramas de sus problemas o enfermedades, cuando en realidad, la raíz de su problema es el pecado.

¿Qué es el pecado?

Es transgredir, es violar las leyes que Dios ha establecido.

Ninguna persona puede quedarse impune si viola una ley de Dios. Así mismo opera la ley de la gravedad, Dios la ha establecido y la persona que la viola se mata.

Por ejemplo, Dios estableció una ley bíblica, la cual es honrar a padre y madre; si una persona viola esa ley revelándose contra ellos, es decir que no se somete ni les obedece, tendrá grandes consecuencias, pero si los honra y los obedece, le irá bien en la vida.

"[1]Hijos, obedeced en el Señor a vuestros padres, porque esto es justo. [2]Honra a tu padre y a tu madre—que es el primer mandamiento con promesa...". Efesios 6.1, 2

¿Cuál es la paga del pecado?

Hay personas que piensan que pueden seguir viviendo sus vidas como quieren, haciendo lo que les da la gana, violando las leyes de Dios constantemente; mienten, roban, adulteran, fornican, hacen fraude, son infieles a su cónyuge, no honran a sus padres ni honran a Dios; en fin, cometen todo tipo de transgresión, pensando que no van a sufrir ninguna consecuencia.

¿Qué dice la palabra de Dios al respecto?

"[23]...porque la paga del pecado es muerte, pero la dádiva de Dios es vida eterna en Cristo Jesús, Señor nuestro". Romanos 6.23

Algunas personas pueden decir: "sí, pero yo he hecho muchas cosas y estoy vivo, no me he muerto". Cuando la Biblia habla de muerte, no sólo se está refiriendo a la muerte física. Por ejemplo, puede ser que le sobrevenga una miseria financiera, una enfermedad, una pérdida en la familia o pérdida de paz, y algunas veces, puede llegar a ser la muerte física, porque el que siembra pecado, tarde o temprano, recogerá lo que sembró y recibirá su paga. Puede ser que esto no ocurra en un año, dos años, diez años, pero la paga, de seguro, llegará. Todos los hombres somos pecadores y necesitamos a Dios.

¿Cuál es la solución para su pecado?

Jesús vino a morir por nuestros pecados.

"[8]Pero Dios muestra su amor para con nosotros, en que siendo aún pecadores, Cristo murió por nosotros". Romanos 5.8

¿Cómo Dios, perdona nuestros pecados?

- Arrepintiéndonos con todo nuestro corazón.

- Creyendo en Jesús como Señor y Salvador de nuestra vida.

Amigo lector, si usted nunca le ha entregado su vida a Jesús y se encuentra en depresión, la única respuesta para su soledad, culpabilidad, tristeza, temor o desesperanza, es Jesucristo.

Ahora mismo donde está, puede recibir el regalo de la vida eterna a través de Jesucristo. Acompáñeme en esta oración y declárela en voz alta:

"Señor Jesucristo: Yo reconozco que soy un pecador, y que mi pecado me separa de ti. Me arrepiento de todos mis pecados. Voluntariamente, confieso a Jesús como mi Señor y Salvador, y creo que Él murió por mis pecados. Yo creo, con todo mi corazón, que Dios el Padre lo resucitó de los muertos. Jesús, te pido que entres a mi corazón y cambies mi vida. Renuncio a todo pacto con el enemigo; si yo muero, al abrir mis ojos, sé que estaré en tus brazos. ¡Amén!"

Si esta oración expresa el deseo sincero de su corazón, observe lo que Jesús dice acerca de la decisión que acaba de tomar:

"[9]...que si confesares con tu boca que Jesús es el Señor, y creyeres en tu corazón que Dios le levantó de los muertos, serás salvo. [10]Porque con el corazón se cree para justicia, pero con la boca se confiesa para salvación". Romanos 10.9, 10

"[47]De cierto, de cierto os digo: El que cree en mí, tiene vida eterna". Juan 6.47

Si se trata con la causa principal (el pecado), será más fácil lidiar con el resto del problema.

6. **Otra causa de la depresión es la soledad.**

Hay muchas personas que han estado acompañadas toda su vida, ya sea por su cónyuge, hijos, hermanos, amigos o quizás han estado solas toda su vida, pero llega un momento en que ya no están contentas con su condición; no lo soportan y se deprimen. También, se ha dado el caso de personas que están rodeadas de mucha gente, pero se sienten solas; y esto nos hace entender que la soledad no tiene que ver con estar acompañado físicamente, sino que es una condición del corazón.

El ser humano tiene un vacío en el corazón, y ese vacío, nada ni nadie puede llenarlo, sino Dios. Cuando una persona está alejada de Él, llegará el momento en que se sentirá sola, aunque físicamente esté acompañada. Hay millones de personas alrededor del mundo que tienen dinero, fama, amigos y mucho más, pero se sienten solas por dentro, y es porque necesitan tener una relación cercana con su Creador. Lo más triste de esto, es que también hay muchos creyentes que se sienten solos, y no han entendido que la solución estriba en acercarse al Señor.

¿Qué dijo Jesús al respecto y qué nos prometió para que no nos sintamos solos?

"[20]...y enseñándoles que guarden todas las cosas que os he mandado. Y yo estoy con vosotros todos los días, hasta el fin del mundo. Amén". Mateo 28.20

Ésta es la promesa más maravillosa que puede recibir una persona que se siente sola. El Señor nos prometió que estará con nosotros cuando estemos pasando por problemas matrimoniales, problemas financieros, problemas con nuestros hijos; cuando el médico nos diga que estamos enfermos, cuando nos sintamos solos, cuando todo el mundo nos abandone o cuando nos hayan despedido del trabajo. Jesús estará a nuestro lado en todas estas situaciones, y nos dará la victoria en cada una de ellas si aprendemos a confiar en Él. ¡Gloria a Dios!

¿Cuál es la solución a la soledad?

Desarrollar una relación cercana con Dios. Mientras más cerca estemos de Dios, menos solos nos vamos a sentir.

La soledad no es por falta de afecto o de compañía, sino por la falta de dirección en la vida, y esto sólo lo da Jesucristo.

7. **La depresión es causada por enfermedades físicas.**

El mal de Parkinson, los problemas hormonales, el funcionamiento biológico anormal, los problemas de la glándula tiroides, las alteraciones del azúcar en la sangre y los efectos secundarios de algunos medicamentos, en muchos casos, hacen que las personas se depriman.

La solución para esta causa es el poder sanador de Jesús.

"[5]Mas él fue herido por nuestras rebeliones, molido por nuestros pecados. Por darnos la paz, cayó sobre él el castigo, y por sus llagas fuimos nosotros curados". Isaías 53.5

Hay otras causas que también producen depresión, pero son las menos comunes; por ejemplo, los cambios hormonales en la mujer durante el período de la menopausia o después de un embarazo.

También, la depresión es causada cuando se llega a la vejez. Hay muchos ancianos que se ponen a pensar en que han trabajado, han criado a sus hijos, que todos ellos se casaron y se fueron; y entonces se preguntan: ¿Y ahora qué?, pensando que no tienen esperanza de algo nuevo en el mañana.

La depresión afecta a personas de todas las edades, y aún los jóvenes son gravemente afectados por ella.

La depresión en los adolescentes

Una gran cantidad de suicidios cometidos por adolescentes son debido a la depresión. Y la pregunta es:

¿Cuál es la causa?

- La causa de la depresión en los niños y adolescentes es la falta de amor de sus padres.

  Por ejemplo: los padres están muy ocupados, no tienen tiempo para sus hijos, no les dan amor, no los afirman y no les dan seguridad ni protección, y como resultado de esto, estos adolescentes se deprimen y algunos se suicidan.

8. Otra causa de la depresión es una baja autoestima.

Hay muchas personas que creen que no tienen ningún valor, que no pueden hacer las cosas, que son feas y que no sirven para nada. Cuando una persona tiene la mente llena de estas ideas, ocurrirá algo perjudicial en su interior. Los pensamientos engendran sentimientos, y los sentimientos engendran acciones; por consiguiente, los pensamientos negativos que nacen de nuestra imagen, afectarán nuestras acciones de una forma nociva.

¿Por qué una persona tiene baja autoestima?

La autoestima es el resultado de muchos factores, y uno de ellos, es el entorno familiar durante la niñez y la adolescencia. Por ejemplo, si los padres no afirman a sus hijos en su identidad, no les dan la protección, el amor y la seguridad que necesitan; o si los niños vienen de hogares desintegrados, la autoestima de ese niño o adolescente será muy pobre.

Hay muchos padres que maltratan física, espiritual y emocionalmente a sus hijos, utilizando palabras de maldición contra ellos. Por ejemplo:

- "Tú no sirves para nada".
- "Tú siempre vivirás en miseria".
- "Tú eres una tonta o estúpida".
- "Tu hermano es más inteligente que tú".
- "Eres la oveja negra de la familia".

- "Nunca te va a ir bien en la vida".
- "Tú eres un bruto".
- "Tú eres fea como tu madre".

Todas estas palabras producen un efecto negativo en su autoestima, y pueden afectar tanto la vida de un niño, que al llegar a su edad adulta, será esa persona que se siente sola, rechazada y con el pensamiento de que no vale ni sirve para nada. Todo esto es producto de las palabras que le fueron dichas en su niñez.

"[21]La muerte y la vida están en poder de la lengua; el que la ama, comerá de sus frutos". Proverbios 18.21

Las personas no se dan cuenta del poder de las palabras; con ellas, usted puede bendecir o maldecir, levantar o hundir a otra persona. Ahora que entendemos esto, hablemos palabras de bendición a nuestros hijos, expresémoles lo que pueden ser y hacer en Cristo Jesús. Por ejemplo: "tú serás el niño más inteligente de la escuela", "yo estoy orgulloso de ti", "tú eres mi hijo amado", "te amo mucho". Háblele palabras de vida a sus hijos, y cuando crezcan tendrán una autoestima saludable.

Hay muchos padres que no usaron palabras fuertes, pero tampoco expresaron palabras de bendición, y eso también afecta la autoestima. Hay muchas personas que nunca recibieron el abrazo de su padre o de su madre ni escucharon de ellos un "te amo"; y lamentablemente, éstos son los hijos que crecen sin saber dar amor porque nunca lo experimentaron.

¿Qué sucede con estos niños cuando llegan a ser personas adultas?

Son personas inseguras, se sienten rechazadas, creen que no sirven para nada, y piensan de ellas mismas, que son feas. Han creado una fortaleza en sus mentes por causa de las palabras que han recibido; y necesitan desprogramar de su mente estas creencias negativas para poner en su lugar, verdades de la palabra de Dios.

Las personas se deprimen cuando continuamente tienen pensamientos negativos acerca de sí mismas. ¿Qué tenemos que hacer al respecto? Empezar a meditar, a creer y a confesar lo que Dios dice de nosotros. La palabra de Dios nos habla de que somos hijos de Dios, herederos y coherederos con Cristo Jesús, que estamos sentados en lugares celestiales, que somos aceptados por Él y que Él nos ama como nadie nos puede amar.

Capítulo Tres

La mente y la depresión

Anteriormente, estudiamos que cuando una persona permite malos pensamientos en su mente, esto produce estrés en el cerebro, provocando un desbalance químico, lo cual conocemos hoy día como la depresión. Ésta es la manera de pensar de los psicólogos, psiquiatras y médicos, pero analicemos lo que la palabra de Dios nos dice al respecto.

Hay tres cosas que tenemos que saber acerca de los pensamientos. Éstas son:

1. **De la manera que pensemos de nosotros mismos, así seremos y actuaremos.**

   "[7]porque cuales son sus pensamientos íntimos, tal es él. «Come y bebe», te dirá, pero su corazón no está contigo". Proverbios 23.7

   Otra manera de decirlo es, según piense el hombre en su corazón de sí mismo, así es él. Si una persona piensa de sí misma que es fea, a sí mismo actuará con los que la rodean, tendrá complejos de que las personas la miren y siempre estará pensando que es juzgada por fea.

2. Los pensamientos resultan en acciones.

De acuerdo a la medida de profundidad de estos pensamientos, nos daremos cuenta, que hay una fuerte relación entre el pensamiento y la acción. Si una persona siempre está pensando en el daño que le hicieron, la acción correspondiente a ese pensamiento constante será la venganza; o sea, tratará de vengarse de esas personas que le hicieron daño, y eso es pecado delante de Dios.

3. Los pensamientos afectan nuestras emociones positiva o negativamente.

Estos tres puntos se pueden resumir de la siguiente manera:

Si jugamos, entretenemos y permitimos los malos pensamientos en nuestra mente, nos convertimos en lo que pensamos. Por ejemplo, si continuamente está pensando que se va a enfermar, eventualmente se enfermará. Si continuamente está pensando que se va a divorciar, eventualmente así lo hará.

Una vez que ese pensamiento se arraiga en nuestra mente, entonces afectará nuestras emociones, haciéndonos sentir sucios, malos, rechazados, miserables, tontos, inútiles y que no servimos. Finalmente, comenzaremos a actuar como un tonto, un inútil, un rechazado y así sucesivamente.

Otro ejemplo de cómo actúan los pensamientos en nuestra vida es el siguiente:

Un hombre empieza a tener pensamientos de sexo con una mujer casada, los entretiene a tal extremo que se la pasa pensando en ella y hasta tiene fantasías con ella. En cualquier momento, eso afectará sus emociones y, eventualmente, irá a poner este pensamiento en acción, cometiendo el pecado de adulterio.

Tres fuentes de pensamiento

Existen tres fuentes de pensamiento en el universo, que nos influencian a pensar positiva o negativamente.

1. El hombre
2. El diablo
3. Dios

La pregunta que surge al conocer estas tres fuentes de pensamientos es: ¿De dónde vienen esos malos pensamientos? Estos pensamientos vienen del diablo.

El enemigo se encarga de enviar malos pensamientos a nuestra vida, haciéndonos pensar en primera persona; es decir, nos hace creer que esos pensamientos provienen de nosotros mismos, cuando en realidad no es así. Sin embargo, una persona que no conoce a Jesús como Señor y Salvador, va a tener pensamientos malos y no va a tener cómo reemplazarlos porque no conoce la palabra de Dios, lo contrario de un cristiano que ha nacido de nuevo.

El enemigo nos lanza un dardo (éstos son los malos pensamientos, según la Palabra), dirigido a nuestra mente, e inmediatamente, comenzamos a pensar: "Yo me siento enfermo", "me siento rechazado". Él no nos dice: "yo soy el diablo y pienso que estás enfermo o que eres rechazado", sino que le hace creer que es usted el que piensa de esta manera; y es de esta forma astuta, que las personas que no saben que se trata de él no lo pueden combatir.

Lamentablemente, hay millones de personas que no creen en el diablo. Yo quiero decirle que, así como Dios es real, el diablo es un enemigo real. La mayor mentira que él le ha hecho creer a la raza humana, es que él no existe, y de esa manera, destruye, roba y mata sin ser descubierto.

Podemos concluir que, el enemigo le envía dardos o malos pensamientos a su mente, y de esta manera, usted es influenciado. Esa influencia le lleva a sentirse mal en sus emociones y afecta su voluntad debilitándola. Aunque usted no quiera hacer algo malo, esos malos pensamientos lo vencen y termina haciéndolo. Los malos pensamientos o los dardos que el enemigo nos envía, nos pueden deprimir, y algunas veces, pueden llevar a las personas a suicidarse.

La mente es el campo de batalla del enemigo, donde son enviados todos los malos pensamientos.

Las fortalezas mentales

"5...derribando argumentos y toda altivez que se levanta contra el conocimiento de Dios, y llevando cautivo todo pensamiento a la obediencia a Cristo". 2 Corintios 10.5

¿Qué es una fortaleza mental?

Es un pensamiento establecido en una mente predispuesta, impregnada con desesperanza, que causa que la persona acepte el hecho de que no puede cambiar su situación.

Anteriormente, estudiamos que una de las razones que causan la depresión, es tener circunstancias que están más allá de nuestro control, o sea que no podemos cambiar. Entonces, se crea una fortaleza en la mente de la persona, la cual está basada en que su situación es imposible de modificar; por lo tanto, pierde toda esperanza de vivir y de seguir luchando, y como consecuencia de esto, se deprime.

¿Cuáles son los elementos que contribuyen a crear una fortaleza en la mente?

- **Argumentos** - La persona argumenta; es decir, aunque usted le diga que la circunstancia o el problema se puede cambiar, él o ella le va a decir: "no, esto es imposible de cambiar".

- **Imaginaciones** - Las personas que se imaginan continuamente cosas negativas y las creen, terminan construyendo fortalezas en su mente.
- **Ideas** - Todo tipo de ideas negativas.
- **Altivez** - No confía en el Señor, confía en sí misma.
- **Estructuras mentales** - Las personas no aceptan nada, aunque usted quiera guiarlas a la solución del problema, porque su mente está cerrada.
- **Idiosincrasia** - Las personas se dicen a sí mismas: "así me lo enseñó mi abuelita y así voy a morir" "yo soy así y ya no cambio, que cambien los jóvenes".

Estos elementos causan que se levante en la persona una fortaleza mental, la cual le hace pensar que no hay esperanza para su vida. Las fortalezas hacen que una persona se aleje del conocimiento de Dios, le impiden obedecer su Palabra y que se resista al cambio aunque éste sea para bien.

La depresión en la vida de una persona viene porque ha perdido la esperanza en la vida.

Recuerde que el hombre ve los problemas desde el punto de vista humano, pero ¿qué sucedería si invitamos a Dios a la escena? Como decía al principio, hay personas que lo experimentan todo antes de buscar a Dios.

¿Qué dice la Palabra acerca de la condición del mundo?

"[12]En aquel tiempo estabais sin Cristo, alejados de la ciudadanía de Israel y ajenos a los pactos de la promesa, sin esperanza y sin Dios en el mundo". Efesios 2.12

El mundo vive sin Dios y sin esperanza, y un mundo sin Dios no puede llegar a ningún lugar. Un mundo sin Dios va camino a la destrucción. Si una persona no tiene esperanza de vivir, su salida serán las drogas, el sexo, el alcohol, el dinero o la fama, porque la tendencia es buscar un refugio en algo. Si usted ha experimentado circunstancias que no puede cambiar, esta palabra de Dios es para usted.

"[27]Entonces Jesús, mirándolos, dijo: —Para los hombres es imposible, pero no para Dios, porque todas las cosas son posibles para Dios". Marcos 10.27

La Palabra nos enseña que todas las cosas son posibles para Dios. Sí, es posible para Dios sanar su cuerpo, restaurar su matrimonio, liberarlo de las drogas, darle un nuevo trabajo, traerle sus hijos de regreso a la casa, sanarlo de esa enfermedad incurable, curar sus heridas pasadas y perdonar sus pecados, porque no existe algo imposible para Dios. Esas cosas que usted no puede cambiar, el Señor sí las puede cambiar. Piense en esta maravillosa noticia, deje de estar pensando en cosas negativas y comience a pensar como Dios piensa. Si sus sueños no llegan a la medida de lo que Dios sueña para usted, pídale al Señor que le enseñe a soñar como Él lo hace, y tendrá una vida llena de gozo y paz en el Espíritu Santo de Dios.

¿Cuál es nuestra parte en todo esto?

"[23]Jesús le dijo: —Si puedes creer, al que cree todo le es posible". Marcos 9.23

Está de nuestra parte creerle a Jesús, pues Él dijo: "confiad en mí". Tenemos que creer que el Señor es poderoso para llevarnos al otro lado del río. Crea que estos problemas que está pasando hoy son temporales, pasajeros, y que Dios tiene algo grande para usted.

Recuerde que las fortalezas mentales son todos aquellos pensamientos o ideas que le impiden hacer lo que Dios dice que usted puede hacer.

Hay muchas personas resignadas a su enfermedad, a su divorcio y a su miseria. No es tiempo de resignarse, siga luchando que Dios está a su lado y su esperanza está en Él. Si usted sirve a Dios, Él es su esperanza.

"[2]Diré yo a Jehová: Esperanza mía y castillo mío; mi Dios, en quien confiaré". Salmo 91.2

Algunos ejemplos de las fortalezas que el enemigo ha levantado en la mente de las personas, son los siguientes:

- "Yo no sirvo".
- "Yo soy homosexual y no puedo cambiar".
- "Yo nunca tendré éxito en nada".
- "Yo soy tonto".

- "Yo no soy aceptado por los demás".
- "Yo me siento rechazado por todo el mundo".
- "Yo siempre tengo escasez".
- "Yo no tengo ningún llamado de Dios".
- "Yo soy un drogadicto y nunca voy a cambiar".
- "Yo soy feo o fea".
- 'Yo me quedaré soltero (a) para toda la vida".
- "Mi único camino es el suicidio".

Dios tiene una respuesta para todas estas fortalezas que el enemigo ha puesto en su mente. Usted sí puede cambiar con la ayuda de Dios. Si es homosexual, Dios ha cambiado a miles alrededor de la tierra. Si se siente rechazado, Dios le dará la gracia para que se sienta amado. Todo a su alrededor puede cambiar si cree y confía en Dios.

Capítulo Cuatro

¿Cómo vencer la depresión?

Ésta es la pregunta que se hacen 18.8 millones de personas en los Estados Unidos de América. Algunas están cansadas de la vida y buscan, desesperadamente, una respuesta a su problema, la buscan en los médicos y en diferentes lugares, pero no la han encontrado. A continuación, encontrará seis pasos que le ayudarán a vencer la depresión.

1. **Aceptar a Jesús como Señor y Salvador de su vida.**

    La mayor parte de las causas de la depresión son espirituales. Yo lo he visto y lo he vivido con los miembros de nuestra iglesia. Cuando el hombre no tiene una buena relación con Dios, se siente deprimido, solo y desamparado; de seguro, buscará llenar su corazón con algo, pues está incompleto.

    Anteriormente, hicimos una oración, la cual la Biblia le llama: "la oración del pecador". Si usted la hizo con todo su corazón, entonces ha recibido a Jesús como Señor y Salvador de su vida.

    Por mucho que usted quiera vencer la depresión, sin la ayuda de Dios, le será imposible. Lo único que harán los médicos será darle más pastillas y medicamentos que lo pondrán peor; en el mejor de los casos será una solución temporal, porque eventualmente, volverá a lo mismo.

Lamentablemente, hoy día las personas no le dan la importancia debida a los asuntos espirituales. No se acercan a Dios, y si lo hacen, es porque ya tienen "la soga al cuello". Solamente lo buscan cuando han tocado fondo; en realidad, lo usan como si fuera un bombero: en casos de emergencia. Espero que ése no sea su caso. No espere que las crisis lleguen para buscar a Dios. ¡Comience a buscarlo hoy!

Algunas recomendaciones para usted, amigo lector, que aceptó a Jesús como su Salvador e hizo la oración conmigo, son las siguientes:

- Asista a una iglesia cristiana.
- Lea la palabra de Dios todos los días.
- Comience a orar o hablar con Dios todos los días.

Aceptar a Jesús como nuestro Señor y Salvador, es el principio de la solución y el fin de la depresión.

2. Sustituir nuestra vieja manera de pensar para plantar, sembrar y edificar una nueva.

"2No os conforméis a este mundo, sino transformaos por medio de la renovación de vuestro entendimiento, para que

comprobéis cuál es la buena voluntad de Dios, agradable y perfecta". Romanos 12.2

Ninguna persona puede tener victoria sobre la depresión si sigue teniendo los mismos pensamientos que la llevaron a ese estado. Después de recibir a Jesús, es necesario renovar, cambiar y sustituir la antigua manera de pensar por una nueva. De la misma manera que los pensamientos negativos lo conducen a cometer actos negativos, los pensamientos positivos causarán efectos positivos en sus acciones. Estos pensamientos mejorarán su autoestima, su relación con Dios, con su familia y con los demás.

¿Cómo es el proceso de renovar nuestra manera de pensar?

- **"No os conforméis"** - Es la palabra griega *"suschimatizo"*, que significa, conformarse a sí mismo, en su mente y su carácter a otros patrones, esquemas o moldes.

- **"Transformaos"** - Es la palabra griega *"metamorpho"*, que significa, cambiarse a otra forma. Esta palabra se refiere a un estado de cambio permanente. De esta palabra *"metamorpho"* viene la palabra en español metamorfosis (*"meta"* implica cambio y *"morphe"* destaca el cambio profundo), que es lo que le sucede al gusano cuando se convierte en mariposa. Ése es el mismo concepto que debemos experimentar:

sufrir un cambio o metamorfosis total de nuestros pensamientos e ideas.

- **"Renovaos"** - Es la palabra griega *"anakai-nosis"*, que significa un cambio para mejorar o para ir a un nivel mayor. Es un ajuste de la mente humana a la visión moral, espiritual y del pensamiento de la mente de Dios, que tiene que llevar a cabo un efecto trasformador sobre la vida del creyente. La palabra renovar consta de dos partes significativas:

  Re: repetidamente. **Novar:** nuevo; es decir, repetidamente "colocar algo nuevo".

- **"Comprobéis"** - Es la palabra griega *"dokimazo"*, que significa, aprobar que dicha cosa vale la pena. Aprobar o probar que una cosa es buena.

Repetidamente, debemos poner algo nuevo en nuestra mente; por lo tanto, arranquemos los elementos viejos y sustituyámoslos por la palabra de Dios, continuamente.

"[2]No os conforméis a este mundo, sino transformaos por medio de la renovación de vuestro entendimiento, para que comprobéis cuál es la buena voluntad de Dios, agradable y perfecta". Romanos 12.2

Al leer todo el verso y juntar las palabras que hacen parte del proceso de renovación de nuestra mente, lo podemos ver de esta otra manera:

No se conforme a sí mismo en su mente y en su carácter, a los esquemas, moldes o patrones mentales que predominan en el mundo. Más bien, suba al próximo nivel y mantenga un estado de cambio permanente por medio de la adopción de nuevos patrones de pensamiento que lo lleven a mejorar, para que pueda llegar a discernir y entender la voluntad de Dios para su vida".

La interpretación moderna de esto sería: "No se conforme, no acepte pensamientos viejos ni maneras antiguas de pensar que influencien su mente de forma nociva, sino adopte nuevos pensamientos e ideas acerca de usted mismo, de Dios y de las personas. Esto traerá un cambio permanente en su vida, y usted podrá salir de la depresión, del dolor, del fracaso y de la miseria; y además, conocerá la voluntad de Dios para usted".

Adopte y piense cosas positivas; porque según sea su forma de pensar y de actuar, así será su estado de ánimo.

¿En qué puedo pensar?

"[8]Por lo demás, hermanos, todo lo que es verdadero, todo lo honesto, todo lo justo, todo lo puro, todo lo amable, todo lo que es de buen nombre; si hay virtud alguna, si algo digno de alabanza, en esto pensad". Filipenses 4.8

¿Qué hacer cuando el enemigo nos envía pensamientos negativos?

Llévelos cautivos a la obediencia de Jesús.

Por ejemplo, usted está sentado en el sofá de su casa, y de repente, el enemigo le envía este pensamiento: "Yo tengo miedo a la oscuridad", entonces, inmediatamente, debe decir lo siguiente:

"Diablo, yo te reprendo en el nombre de Jesús, y ahora mismo, llevo todo pensamiento cautivo a la obediencia de Cristo"; de inmediato, ese pensamiento desaparecerá.

La respuesta de Dios es:

"[7]*...porque no nos ha dado Dios espíritu de cobardía, sino de poder, de amor y de dominio propio". 2 Timoteo 1.7*

Otro dardo del enemigo podría ser que usted esté manejando su automóvil y, súbitamente, llegue un pensamiento como éste: "Yo no tengo salida a mis problemas, quiero divorciarme; hasta en las finanzas me va mal, me quiero suicidar". Recuerde que el enemigo le manda los pensamientos en primera persona.

¿Cuál será su respuesta?

"Diablo, te echo fuera de mi vida ahora mismo. Reprendo todo pensamiento de suicidio y le ordeno que se vaya de mi vida. En el nombre de Jesús, llevo cautivo todo pensamiento a la obediencia de Cristo ahora mismo, y por la sangre de Jesús, ¡vete de mi vida! El pensamiento va a querer volver, pero usted tiene que echarlo fuera todas las veces que venga, no juegue con él, no se detenga a meditarlo.

Otro ejemplo sería, el de una persona que dejó de usar drogas, y está sola en su cuarto. Entonces, viene el enemigo y le dice a su mente: "me gustaría usar droga, fumarme un cigarro y oler cocaína". Si usted empieza a jugar con ese pensamiento y lo entretiene por mucho tiempo; eventualmente, caerá y volverá a usar drogas.

¿Qué se puede hacer cuando vienen esos pensamientos a nuestra mente?

Debemos decir: "Yo reprendo todo pensamiento de mi mente que me sugiere usar droga otra vez, en el nombre de Jesús, y por la sangre de Cristo, te echo fuera de mi mente, ahora mismo".

Puedo darle un sinnúmero de ilustraciones para echar fuera todos esos pensamientos malos. Pero simplemente, practique lo que le estoy enseñando y será libre de la depresión.

Ninguna persona puede tener cambios positivos en la vida si no hay una transformación y renovación de la mente.

3. Renunciar al espíritu de depresión

Para ser libre de la depresión, tenemos que renunciar al espíritu de depresión que está oprimiendo nuestra mente. Permítame guiarle en una oración. Crea con todo su corazón que cuando usted la haga será libre.

Repita conmigo en voz alta:

"Padre celestial, me arrepiento por jugar y entretener malos pensamientos en mi vida, y ahora mismo, te pido que me perdones en el nombre de Jesús".

"Padre celestial, ahora mismo renuncio a todo espíritu de depresión que ha estado influenciando mi mente y mi vida. En el nombre de Jesús, y por la sangre de Cristo, que tiene poder, yo lo echo fuera de mí en este momento. Me declaro libre de la depresión, y le ordeno que nunca más vuelva a mi vida, en el nombre de Jesús".

Ahora, permítame hacer la oración de rompimiento; no repita, sólo reciba su libertad.

"Padre, en el nombre de Jesús, con la autoridad que tú me has dado, como ministro del evangelio, yo reprendo y echo fuera todo espíritu de depresión y sus afines de la vida de mi amigo lector. En el nombre de Jesús, y por el poder de Su sangre, les ordeno que salgan de él o de ella ahora mismo. En el nombre de Jesús, ¡sea libre!".

Crea que usted es libre desde este momento y para siempre. Yo lo declaro libre, sano, próspero y bendito. ¡Amén!

4. Ministración de liberación y sanidad interior.

El cuarto paso para ser libre de la depresión, es que alguien ore por liberación y sanidad interior de sus heridas. Hay muchas personas que fueron libres cuando hicieron la oración anterior, pero para otras, la situación es más delicada y necesitan una ministración más profunda. Es necesario que usted busque ayuda. Si usted vive cerca de nuestra iglesia, nosotros estamos a su disposición para ayudarle, pero si no, busque la iglesia más cercana, que crea y practique liberaciones y sanidad interior.

5. Busque una relación o comunión íntima con Dios.

Si usted quiere permanecer libre de depresión, tiene que acercarse a Dios, pero si no sabe cómo hacerlo, acérquese a una iglesia cristiana y allí le enseñarán cómo. Jesús dijo: "sin mí, nada podéis hacer".

"[5]Yo soy la vid, vosotros los pámpanos; el que permanece en mí y yo en él, éste lleva mucho fruto, porque separados de mí nada podéis hacer". Juan 15.5

Recuerde que tener una relación cercana con Dios no es tener una religión. Conozco muchas personas hoy día, que son religiosas y están deprimidas. Tener una relación con Jesús, tiene que ver con conocerle íntimamente y con darle el derecho legal para que Él sea el Señor de nuestra vida.

6. Perdone a aquellos que le han ofendido.

La conclusión final es que si aceptamos a Jesús como nuestro Señor y Salvador y sustituimos nuestra vieja manera de pensar por una nueva, según la Biblia, que es la palabra de Dios; si renunciamos a la depresión y somos ministrados y permanecemos en una comunión íntima con Dios, seremos totalmente libres.

También, es necesario perdonar a aquellos que nos han ofendido. La falta de perdón es un veneno para el alma y es una de las mayores causas de enfermedades, tales como: cáncer, artritis y otras. Ahora mismo, decida perdonar con todo su corazón y será una persona feliz.

Recuerde que en Dios, hay esperanza, y solamente Él puede cambiar las circunstancias que son imposibles para nosotros. Cambie su actitud hacia la vida, sea positivo, levántese y párese firme. Pídale a Dios que le dé la fuerza para seguir hacia delante. No le dé lugar a los pensamientos negativos, y deje que Dios le ponga pensamientos de vida y paz. Hay un futuro maravilloso para usted y su familia. Si usted perdió algo grande, Dios se lo restituirá doblemente. No deje que su fe caiga, pues Dios tiene cuidado de usted, y le aseguro que esas circunstancias van a cambiar en el nombre de Jesús. No se imagine cosas feas; empiece a soñar cosas grandes y lindas, que el Señor está a su lado; yo lo declaro libre, sano, próspero y bendito. ¡Amén!

Testimonios

Testimonio 1:

Mi nombre es Janet y tengo 36 años. A los 12 años, sufrí mi primera crisis de depresión y traté de suicidarme, porque ya ni las pastillas me ayudaban. A los 15 años, estuve muy mal por la muerte de mi hermana, y el psiquiatra me dio pastillas para la depresión, para dormir, para levantarme y para la ansiedad; así que tomaba pastillas todo el día. Un día decidí dejar de tomarlas; pero en cambio empecé a tomar licor; ya a los 18 años bebía alcohol y consumía drogas todos los días.

A los 23 años, tuve el primer ataque de pánico fuerte, a raíz del cual me llevaron al hospital y me inyectaron drogas para tranquilizarme; de inmediato, me recomendaron ver al psiquiatra. Comencé a tener ataques de pánico varias veces al día, y cuando se pasaban los síntomas (taquicardia, no podía respirar, mucho calor en la cabeza y frío en el cuerpo, mucho miedo a morir, etcétera), entraba en una depresión profunda. En una ocasión, estuve llorando por más de 24 horas; y entonces, decidí llamar a "Miami Mental Health" para que me ayudaran, porque ya no podía más. Me hicieron una evaluación y me diagnosticaron depresión. Desesperadamente, yo deseaba quedarme ahí en el hospital, pero no me quisieron ingresar. Me recomendaron terapia, pero yo me sentí muy asustada al saber que no podían ayudarme. Comencé la terapia con un psiquiatra muy reconocido en Miami, director de un instituto de psicología. Él, inmediatamente, me recetó pastillas y terapia con psicólogos una vez a la semana. También, visité a una señora que leía las cartas y a un babalao. Recuerdo que un día, él me dijo que tenía que hacerme un "trabajo" con "cuentas de colores" y dulces, porque yo estaba muy triste y mi vida era muy oscura. Así que decidí visitarlo semanalmente. Otro día fui a mi cita regular con el psiquiatra y le dije que quería dejar de fumar porque, desde los 12 años, yo fumaba un paquete diario de cigarros, y ya me dolían mucho los pulmones al respirar. El psiquiatra al escuchar esto me hizo reaccionar al decirme: "Janet tienes 28 años y llevas 5 de ellos viniendo aquí. En estos momentos, tu solución no es dejar de fumar porque estás muy mal y puedes caer en una crisis. (Él también sabía que estaba tratando de dejar de tomar). Mejor trata de fumar menos y para la próxima cita, me cuentas como te fue". Me dio la receta de las pastillas, no sé ni cuales fueron porque por varios años tomé diferentes (Elavil, Zoloft, Dlonopin, Xanax, Valium).

A los 15 días, alguien me dijo: "tú necesitas a Jesucristo, tienes que entregarle tu vida y tu corazón a Él". Comencé a llorar porque supe que Él era la solución. Así que fui a mi próxima cita sólo para decirle al psiquiatra que ya no fumaba, y desde entonces, no he fumado más. Comencé mi relación con el Señor, y al mismo tiempo, conocí a una excelente psicóloga cristiana que me ayudó bastante, pero nunca llegamos a la raíz de mi problema; sólo pude apagar por un tiempo los síntomas, pero el problema seguía adentro. Habían pasado cuatro años y todavía me dormía llorando todas las noches.

Un día fui a la iglesia "El Rey Jesús" y el pastor habló de liberación. En ese tiempo, me encontraba nuevamente en terapia con otro psicólogo cristiano, que también era buenísimo, pero yo estaba empeorando. Así que, al otro día, llamé a la iglesia a pedir una cita para Sanidad Interior y Liberación; y ahora soy libre, y sólo puedo darle gracias a Dios todos los días. Recuerdo el tormento, el dolor en el alma y que ni siquiera sabía por qué era; y aunque traté de anestesiarlo con drogas, licor, relaciones, siempre estuvo ahí, pero la Biblia dice: "Así que, si el Hijo os libertare, seréis verdaderamente libres". ¡A Dios sea la gloria!

Testimonio 2:

La depresión es algo que le puede llegar a cualquier persona y en cualquier momento, sin uno saber cómo ni cuándo comenzó todo.

A los 26 años, experimenté, por primera vez, lo que es sufrir de depresión. Para ese tiempo, llevaba aproximadamente, dos años trabajando en una compañía pequeña que ofrecía servicios a niños y adolescentes con problemas de salud mental en Puerto Rico. Me tocó asistir a una psicóloga que, a cada rato, tenía un nuevo proyecto.

Las reuniones eran continuas y el papeleo interminable. Todo esto era interesante, y al mismo tiempo, un reto para mi carrera como asistente administrativa. Me gustaba mi trabajo; pero mi problema no era el trabajo, sino mi jefa, pues lograba envolvernos con sus manipulaciones y volvernos locos a todos.

Luego de un año, me di cuenta que a mi jefa, le gustaba envolverse en asuntos de la nueva era, tales como: velas prendidas (con el propósito de ahuyentar los malos espíritus), piedras de cuarzo, aromas traídas de botánicas con olor a rosas, entre otros materiales. Un día, me percaté que debajo de su escritorio, tenía una copa con vino añejo. ¡Y todo esto era mi pan de cada día! En varias ocasiones, intenté renunciar al puesto, pero al momento de hacerlo, pasaba algo que me hacía esperar y no "precipitarme" en la decisión. Antes no lo entendía, pero ahora sé que era un plan de Dios para mi vida.

Por otro lado, vivía feliz en casa de mis padres, sin deudas, con pocas responsabilidades y disfrutando de los viajes misioneros que se anunciaban en la iglesia. Yo estaba bien, pero mi cuerpo estaba fatigado y aún más, trabajando en un lugar tan cargado espiritualmente como el que acabo de mencionar.

Un día, hablándole de mi situación a mi hermana menor, me dijo que me fuera a vivir con ella y que dejara ese trabajo porque iba a terminar enfermándome. Su interés en que yo viajara a la Florida era para que visitara la Iglesia El Rey Jesús, a la cual asistimos hoy día.

Poco tiempo después, me enteré que el Departamento de Salud Mental, en el cual yo trabajaba, iba a cerrar. ¡Increíble, pero cierto! Así que, me quedé un tiempo descansando en mi casa en lo que pasaban las reuniones y el papeleo del desempleo. ¿Descansar? Fue, entonces, que en mi sistema nervioso, se despertaron todas aquellas presiones, aquellos maltratos verbales, las continuas humillaciones y las muchas injusticias que callé para no contender con mi jefa y con algunos compañeros de trabajo más cercanos.

De la noche a la mañana, comencé a padecer de insomnio. Me desvelaba y me sobrevenía un desespero, que hacía que mi corazón se acelerara (lo que se conoce como taquicardia). Cualquier situación, por más sencilla que fuera, me llenaba de ansiedad, y por eso, recurría a dormir casi todo el tiempo. En ocasiones, podía percibir el mundo espiritual con facilidad, y esto era lo que impedía que yo conciliara el sueño en las noches. Mi vida se convirtió en un laberinto sin salida. Comenzaron mis días de soledad, angustia y desesperación, pues nada me llenaba, y esto hacía que mi depresión empeorara. Sólo quería estar tranquila en mi cama pensando cuándo terminaría esta horrenda pesadilla. Finalmente, me llevaron a una doctora, quien me diagnosticó "depresión con ataques de pánico". La doctora me recetó Prozac y Celebrex, y hasta llegué a tomar Xanax para poder relajarme, pero ninguno de ellos me causó un efecto positivo. Finalmente, la doctora me refirió a un psiquiatra, al cual nunca fui porque sabía que mi solución no estaba en el hombre ni en las pastillas. Todo me desesperaba muy rápido, no quería conversar con nadie, me sentía estancada hasta en la iglesia; en fin, no hallaba algo que me causara felicidad o que me diera motivación para seguir luchando.

Un día, decidí tomarle la palabra a mi hermana de ir a vivir con ella a Miami, dejando todas mis comodidades, pero al mismo tiempo, desligándome de todo aquello que me tenía atrapada entre cuatro paredes.

Hacía mucho tiempo que deseaba no trabajar, para meterme de lleno a buscar la presencia de Dios día tras día. Y pensé que éste era un buen momento para hacerlo, ya que estaba desempleada. Enseguida que llegué a Miami quise visitar la iglesia "El Rey Jesús", de la que tanto me había hablado mi hermana. Recuerdo como si fuera ayer, que entré por las puertas del templo y una sonrisa de lado a lado me cautivó. Era algo que no podía contener. Escuchaba las alabanzas y mis ojos se llenaban de lágrimas por el gozo que estaba experimentando. Cuando comenzaba la prédica del pastor Guillermo Maldonado, todo mi cuerpo se erizaba de la poderosa unción y autoridad que el Señor ha puesto sobre él. Yo sabía que algo estaba recibiendo y que había comenzado a trabajar en mí desde que entré a la iglesia. Ahí me di cuenta que uno no puede estar lamentándose de la situación en que se encuentra, sino que es necesario pararse firme y con la autoridad que ya Jesucristo nos ha dado, para echar fuera al espíritu de depresión y a todo aquello que viene con el mismo.

De repente, ya podía dormir en las noches; me desvelaba por momentos cortos, pero volvía a dormir. Le conté a mi hermana lo que me estaba pasando en la noche, y al igual que yo, no se lo explicaba. Pero sintió del Señor orar por mí y ungirme con aceite para echar fuera el espíritu de temor, y para la gloria y honra del Señor, esa noche fui libre. Los temblores desaparecieron de mi cuerpo y ya no sufrí más de ansiedades ni desesperanzas. ¡Fui totalmente libre! Cada día experimentaba algo nuevo con Dios. Se aumentó mi búsqueda por el Señor, y aproveché que no estaba trabajando, para leer libros, hacer ayunos y para conocer a mi Rey en intimidad.

Es increíble todo lo que arrastra la depresión, y si uno no se para con autoridad para detener este espíritu, la vida se va desgastando cada vez más sin uno darse cuenta. Pero ¡qué bueno es saber que Dios es fiel!, que nunca nos abandona y que siempre llega a tiempo, porque Él desea que llevemos una vida de victoria en victoria.

Testimonio 3:

Mi depresión comenzó después de graduarme de quinto grado, cuando me cambiaron de escuela. Mi mamá decidió enviarme a una escuela diferente de la que asistían mis amigas. Pero de ahí en adelante, comencé a aumentar de peso rápidamente. Mi motivación quedó en el pasado, pues ahora me encontraba fea y ya no me sentía popular. No tenía motivación hacia el futuro.

Nada le daba sentido a mi vida. No tenía amigos, pues ya no era popular en esta escuela. Así que, comencé a contemplar el suicidio como una salida a mi situación. Me la pasaba todo el tiempo durmiendo, no tenía ganas de salir y por mi mente, sólo corrían pensamientos negativos.

Hasta que un día conocí al Señor y desarrollé una relación personal con Él. Me di cuenta que fui creada con un propósito desde que estaba en el vientre de mi madre, y que ante los ojos del Señor, soy una princesa. Fue, entonces, que fui tocada, sanada y libre por Él. Mi deseo hoy es servirle a Dios con todo mi corazón y darle gracias porque tuvo misericordia de mí y por brindarme su inmenso amor.

¡La depresión quedó cancelada en mi vida para siempre! ¡¡Gloria a Dios!!

Testimonio 4:

Parte de mi testimonio es el sufrimiento de depresión que tuve en mi vida.

Yo creía tener una gran fe en Dios, pero todavía estaba ignorante de la verdadera bendición y del poder que se recibía al tener una relación genuina con nuestro Señor y Salvador Jesucristo.

Yo sufrí un accidente en agosto de 1996, en el cual se me herniaron tres discos, entre las vértebras cervical y lumbar. También, se me dañaron algunos ligamentos del pie derecho. Mi vida cambió drásticamente. En ese entonces, yo era directora de una excelente compañía, y luego de mi accidente fui reemplazada. Empecé con dolores físicos y mentales, y fue muy duro aceptar la realidad de mis limitaciones. Mi vida consistía en ir de una cita médica a otra. Me hice dependiente de pastillas para los dolores, y esto me hundió en la depresión. Además, tenía que estar resolviendo problemas legales como resultado del accidente, sin poder trabajar ni funcionar adecuadamente para sostener mi hogar, dependiendo totalmente de medicamentos para una condición u otra. Pasaron casi tres años en esa inestabilidad emocional y física. Ya para este tiempo, había creado dependencia total de los medicamentos, no sólo para las condiciones físicas sino también, para tratar la depresión en la que me encontraba. Había aumentado mucho de peso, perdí el gozo y la sonrisa en mi vida; no tenía motivación alguna, y ya me encontraba en el nivel más profundo de la depresión.

Entonces, un gran día conocí a Jesucristo, lo acepté como mi Señor de una manera muy íntima, y desarrollé hambre por conocer más acerca de Él. Inmediatamente, mi vida tuvo un gran cambio... ¡Gloria a Dios!

Fui sanada física y emocionalmente; recobré el gozo en mi vida y dejé la dependencia a los medicamentos. Me sumergí en las profundidades del conocimiento de la Palabra, mis hijos y yo recibimos bendiciones y sanidades. El poder y el amor de Jesús se manifestaron en nosotros. Nunca más permitiré que la depresión me cautive sin importar las circunstancias que lleguen a mi vida, porque yo sé, que lo sé, que lo sé, que todo lo puedo en Cristo que me fortalece.

Ningún medicamento ayuda a la depresión, al contrario, la alimenta. La solución se encuentra en ¡¡Cristo Jesús!!

Bibliografía

Biblia de Estudio Arco Iris. Versión Reina-Valera, Revisión 1960, Texto bíblico copyright© 1960, Sociedades Bíblicas en América Latina, Nashville, Tennessee, ISBN: 1-55819-555-6.

Biblia Plenitud. 1960 Reina-Valera Revisión, ISBN: 089922279X, Editorial Caribe, Miami, Florida.

Diccionario Español a Inglés, Inglés a Español. Editorial Larousse S.A., impreso en Dinamarca, Núm. 81, México, ISBN: 2-03-420200-7, ISBN: 70-607-371-X, 1993.

El Pequeño Larousse Ilustrado. 2002 Spes Editorial, S.L. Barcelona; Ediciones Larousse, S.A. de C.V. México, D.F., ISBN: 970-22-0020-2.

Expanded Edition the Amplified Bible. Zondervan Bible Publishers. ISBN: 0-31095168-2, 1987 – lockman foundation USA.

Reina-Valera 1995 - Edición de Estudio, (Estados Unidos de América: Sociedades Bíblicas Unidas) 1998.

Strong James, LL.D, S.T.D., *Concordancia Strong Exhaustiva de la Biblia*, Editorial Caribe, Inc., Thomas

Nelson, Inc., Publishers, Nashville, TN - Miami, FL, EE.UU., 2002. ISBN: 0-89922-382-6.

The New American Standard Version. Zordervan Publishing Company, ISBN: 0310903335, pages 255-266.

The Tormont Webster's Illustrated Encyclopedic Dictionary. ©1990 Tormont Publications. Pages 255-266.

Vine, W.E. *Diccionario Expositivo de las Palabras del Antiguo Testamento y Nuevo Testamento.* Editorial Caribe, Inc./División Thomas Nelson, Inc., Nashville, TN, ISBN: 0-89922-495-4, 1999.

Ward, Lock A. *Nuevo Diccionario de la Biblia.* Editorial Unilit: Miami, Florida, ISBN: 0-7899-0217-6, 1999.

La Generación del Vino Nuevo

Guillermo Maldonado

En este libro, usted encontrará pautas que le ayudarán a enrolarse en la generación del Vino Nuevo, que es la generación que Dios está preparando para que, bajo la unción y el poder del Espíritu Santo, conquiste y arrebate lo que el enemigo nos ha robado durante siglos, y podamos aplastar toda obra de maldad.

ISBN: 1-59272-016-1 | 211 pp.

Líderes que Conquistan

Guillermo Maldonado

Es un libro que lo llevará a desafiar lo establecido, a no conformarse, a no dejarse detener por topes o limitaciones; de tal modo, que no sólo cambiará su vida, sino que será de inspiración y motivación para muchos que vendrán detrás de usted buscando cumplir su propio destino en Dios.

ISBN: 1-59272-022-6 | 208 pp.

Evangelismo Sobrenatural

Guillermo Maldonado

Solamente el dos por ciento de los cristianos han guiado una persona a Jesús en toda su vida. Por esa razón, el pastor Guillermo Maldonado, por medio de este libro, presenta a los creyentes el gran reto de hacer un compromiso con Dios de ser ganadores de almas, y cumplir con el mandato de Jesucristo para todo creyente.

ISBN: 1-59272-013-7
132 pp.

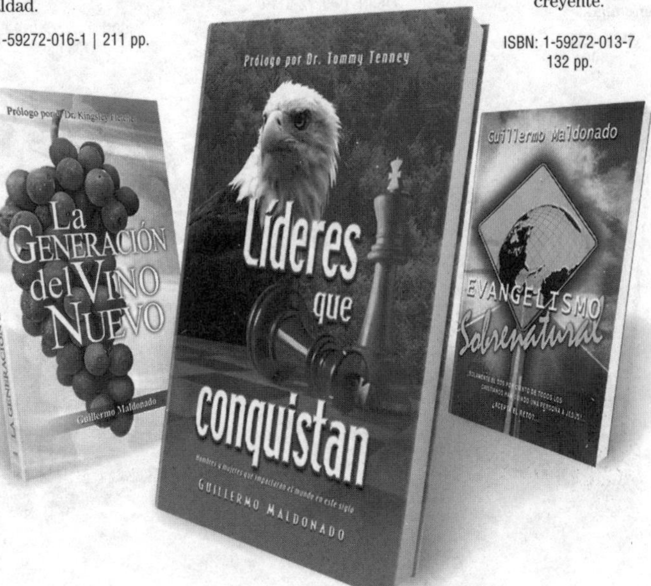

ERJ PUBLICACIONES

ERJ PUBLICACIONES

Sanidad Interior y Liberación

Guillermo Maldonado

Este libro transformará su vida desde el comienzo hasta el fin. Pues, abrirá sus ojos para que pueda ver las áreas de su vida que el enemigo ha tenido cautivas en prisiones de falta de perdón, abuso, maldiciones generacionales, etcétera. Porque *"conoceréis la verdad y la verdad os hará libres"*.

ISBN: 1-59272-002-1
267 pp.

La Liberación: El pan de los hijos

Guillermo Maldonado

- ¿Cómo comenzó el ministerio de la liberación?
- ¿Qué es la autoliberación?
- ¿Qué es la iniquidad?
- ¿Cómo vencer el orgullo y la soberbia?
- ¿Cómo vencer la ira?
- ¿Cómo ser libre del miedo o temor?
- La inmoralidad sexual
- 19 verdades que exponen al mundo místico
- ¿Qué es la baja autoestima?

ISBN: 1-59272-086-2 | 299 pp.

La Inmoralidad Sexual

Guillermo Maldonado

De este tópico, casi no se habla en la iglesia ni en la familia; pero sabemos que hay una necesidad muy grande de que el pueblo de Dios tenga un nuevo despertar y comience a combatir este monstruo escondido que tanto afecta a los hijos de Dios. Este libro ofrece el conocimiento básico y fundamental para tratar con este problema.

ISBN: 1-59272-145-1 | 146 pp.

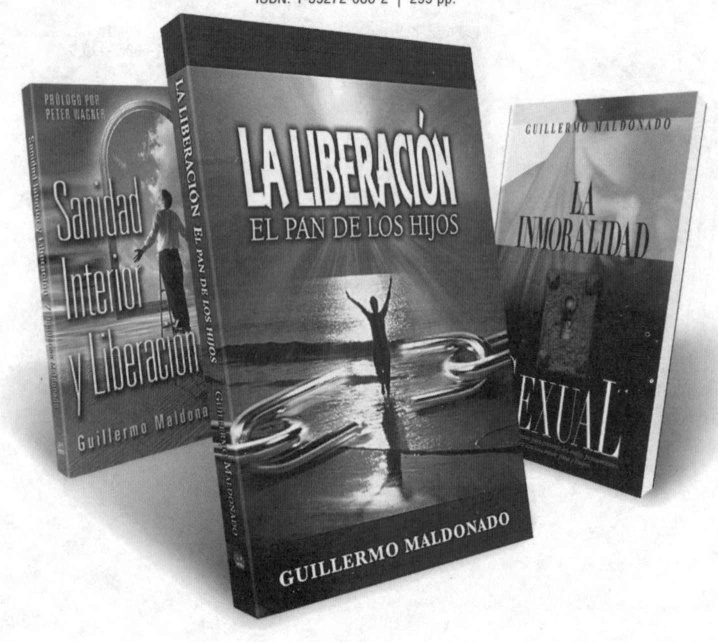

ERJ PUBLICACIONES

La Madurez Espiritual

Guillermo Maldonado

En esta obra, usted encontrará una nueva perspectiva de lo que significa la madurez espiritual, que lo orientará a identificar su comportamiento como hijo de Dios. Este material lo ayudará no sólo a visualizar los diferentes niveles de madurez que hay, sino también, a descubrir en cuál de ellos se encuentra para hacer los ajustes necesarios para ir a su próximo nivel de madurez.

ISBN: 1-59272-012-9
103 pp.

El Fruto del Espíritu

Guillermo Maldonado

En este libro, usted conocerá cuáles son y cómo se manifiestan los frutos del espíritu. Cada cristiano debe procurar estos frutos para su vida y atesorarlos de una manera especial. Pues, éstos son su testimonio al mundo de lo que Dios ha hecho en su vida, de manera que, cuando el hijo de Dios hable, el reflejo de su Padre acompañe sus palabras y éstas tengan un impacto mayor y más efectivo.

ISBN: 1-59272-184-2 | 170 pp.

Cómo Oír la Voz de Dios

Guillermo Maldonado

¿Desea aprender a oír la voz de Dios? Esta habilidad puede ser desarrollada en usted al aplicar las enseñanzas de este libro; no sólo para conocerlo cada vez más, sino también, para poder fluir en lo sobrenatural.

ISBN: 1-59272-015-3
190 pp.

«Hay un clamor alrededor de la tierra de millones de hombres y mujeres que están clamando...
¡Necesito un Padre!»

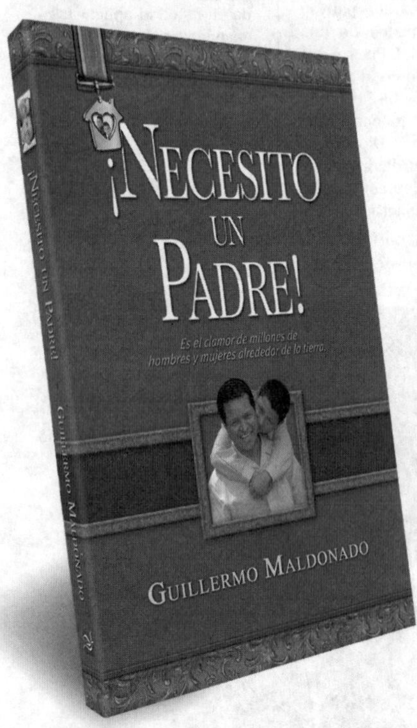

Necesito un Padre

Guillermo Maldonado

Hay muchos hijos espirituales y naturales que están huérfanos y que claman: ¡necesito un padre! Muchos de ellos sin propósito, sin dirección, sin destino, sin saber de dónde vienen ni a dónde van. Este libro le traerá una maravillosa revelación acerca de quién es el Padre Celestial, el padre espiritual y el padre natural; también, le enseñará lo que es un verdadero hijo.

Reciba hoy, a través de este maravilloso libro, la revelación del Espíritu Santo, que lo llevará a conocer a Dios como su Padre Celestial. Aprenda a desarrollar una comunión íntima con Él y a ser un hijo leal y maduro.

ISBN: 1-59272-183-4 | 199 pp.

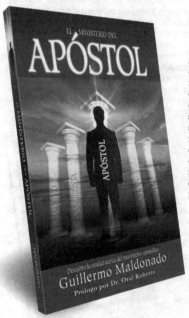

ERJ PUBLICACIONES

La pastora Ana Maldonado nació en "La Joya", Santander, Colombia. Proviene de una familia numerosa, y es la octava de 16 hermanos. Actualmente, reside en la ciudad de Miami, Florida, con su esposo, el pastor Guillermo Maldonado, y sus hijos Bryan y Ronald. La pastora es una mujer de oración, usada fuertemente por Dios, en la Intercesión Profética, en la Guerra Espiritual y en el ministerio de Sanidad Interior y Liberación; pues su objetivo es deshacer las obras del enemigo y rescatar al cautivo. Constantemente, emprende retos y desafíos para restaurar familias, suplir las necesidades de niños de escasos recursos y mujeres abusadas, fundando comedores y casas de restauración. También, reta y levanta a los hombres para que tomen el lugar que les corresponde como sacerdotes del hogar y del ministerio. Es co-fundadora del Ministerio Internacional El Rey Jesús, reconocido como el ministerio hispano de mayor crecimiento en los Estados Unidos y de grandes manifestaciones del Espíritu Santo. Este ministerio nació en el año 1996, cuando ella y su esposo decidieron seguir el llamado de Dios en sus vidas. La pastora Ana Maldonado se dedica al estudio de la Palabra desde hace más de 20 años, y posee un Doctorado Honorario en Divinidad de "True Bible College".

De la Oración a la Guerra

por la pastora Ana G. Maldonado

Éste es un libro que está trayendo un alto nivel de confrontación al pueblo cristiano; un pueblo que ha permanecido en la comodidad y el engaño de creer que puede alcanzar las promesas de Dios sin pagar el precio de la oración y la intercesión. El lector se sentirá sacudido por el poderoso testimonio de esta mujer de Dios, que fue de hacer oraciones de súplica a convertirse en un general del ejército del Dios Todopoderoso. El lector se sentirá desafiado por una mujer y una madre que se levanta, día tras día, en oración y guerra espiritual contra el enemigo, para arrebatarle por la fuerza lo que pertenece a los hijos de Dios y a su Reino.

Es hora de que usted renuncie al temor a Satanás y acepte el desafío de usar la autoridad que Jesús le delegó para mantener al diablo bajo sus pies y para conquistar todos los terrenos que Dios ha preparado para su pueblo. ¡Anímese a pasar de la Oración a la Guerra!

ISBN: 1-59272-137-0 | p. 134